JN410212

햇빛에 물드는
바람소리

도서출판
작가마을

햇빛에 물드는 바람소리

초판인쇄 | 2016년 11월 1일 **초판발행** | 2016년 11월 10일
지은이 | 박시은 **주간** | 배재경 **펴낸이** | 배재도 **펴낸곳** | 도서출판 작가마을
등 록 | 2002년 8월 29일(제 2002-000012호)
주 소 | 부산광역시 중구 대청로 141번길 15-1 대륙빌딩 301호
T. 051)248-4145, 2598 F. 051)248-0723 E. seepoet@hanmail.net

국립중앙도서관 출판예정도서목록(CIP)

햇빛에 물드는 바람소리 : 박시은 시집 / 지은이: 박시은. — 부산 : 작가마을, 2016
p. ; cm

ISBN 979-11-5606-063-5 03810 : ₩10000

한국 현대시[韓國現代詩]
811.7-KDC6
895.715-DDC23 CIP2016026751

본 도서는 2016년도 부산문화재단 지역문화예술육성지원사업의 일부 지원으로 발간되었습니다.

햇빛에 물드는 바람소리

박시은 시집

■ ■ ■ 시인의 말

습習을 해탈한

또 다른 내가 되고 싶었다.

놓을 수 없어 긍긍거렸던

면벽도 풀어 버린 바램

바람소리를 따라 떠돌았다.

여물지도 못하고

물들지도 못하고

버석 돌처럼 부서져 내린 시어詩語들

바삭바삭 바스라진

아픔들이 바람을 따라 휘돌고 있었다.

박 시은

박시은 시집

• 차례

2부

3부

4부

제 1 부

불영계곡

나는 어떤 색일까
그림자 없는 투명한 생각은 생각으로 깊다
격랑 속에서도 언제나 사색의 노를 저어가며
그리운 불빛 같은 그를 찾아 가는 여정
갈채이고 싶었지만
검붉은 껍질로 서 있다
이러지도 저러지도 못하고 스쳐버린 인연들
깊은 한숨을 내 쉰다
갈구하던 사랑은
푸르스름한 연기로 사라져 버렸다

금강 같은 사랑은 없을까
연보라빛 구절초 꽃무리
산언저리 흔들고 있다
작은 주상절리가 채석처럼 쌓여서
큰 바위얼굴로 우뚝 서 있는 계곡
갑골문처럼 토막토막
전설을 풀어내고 있다

어머니의 반짇고리

귀를 쫑긋 세운
조각조각 색색의 천들이 켜켜이 누워있다
무지개 색 꿈들이 타래에 감기어
긴 실 풀어 낼 그 시간 기다리고 있다
수 없이 찔리고 또 찔린 낡은 가죽 골무가
무료하다
형형색색 단추들이 스스로를 뽐내던
그 때를 잊지 않고 있다
어머니의 가는 바늘 끝에 우리의 생계가
수실처럼 달려 있던 시절

꽃과 나비를 수 놓으셨다
색색의 나비들
날개에 더듬이에
모란의 노란 꽃술 위에 장미의 붉은 가시 속에
피 맺힌 골무
고왔던 어머니처럼 슬펐던 나비들
병풍 속에서만 날고 있었다

어머니의 숨결처럼
수틀 속에서 비늘 반짝이며 날갯짓하던 나비
반짇고리 뚜껑을 열 때마다
내 가슴에 날아오르고 있다

이 거리에서

비우며 떨어지는 한 찰라에도
바람은 나를 낙엽처럼 흔든다

한 잎의 푸르름이 부대끼었던 사념도 물이 들고
쇼윈도에도 낙엽이 휘날린다
색과 공이 어우러지는 이 거리에서
달아올랐던 생애가 체념으로 스러진다
미끈하게 쭉 뻗은 고층건물
화려한 색으로 경쟁하듯 내건 외국어 간판
명품이 코디된 멋진 상가
킬힐을 신은 여인들의 늘씬한 몸매는 더 명품이다
미끈하지 못한 것은 이 거리에선 이방인이다
닥지닥지 붙은 쪽방 촌이었던 여기
건물 뒤켠에서 박스를 줍는 노인의 등이 휘었다
새로운 것과 낡은 것이 분리되고 있다

차도를 노랗게 물들인 은행나무
자동차 위에도 아스팔트에도 제 몸의 분신을 떨어뜨린다
노란 꽃상여가 가고 있다

버거웠던 끝자락 놓아버리고
떨어지면서 노랑나비가 되어
이별의 군무를 추고 있다

오래된 바위

살을 파고 뿌리를 내린 나무의 생명력을 본다
덮개처럼 앉은 이끼를 본다
연두빛 아롱진 숨소리 듣는다
멈춘 듯 흐르는 강에게 새벽인사를 한다
섬처럼 앉아 하늘을 나르는 꿈도 꾼다

그냥 앉아 있거나 누워있거나 서 있어도
가슴 속에는 응축된 세월이 숨 쉬고 있다
산안개가 온몸을 훑으며 감싸는 감촉의 황홀
대숲이 밤새 부는 대금소리
달빛의 교교한 외로움
생각하고 생각 할 수밖에 없는 내 연원의 뿌리
숙명처럼 견딜 수밖에 없는 비바람과
세월을 말한다

허망을 쫓아 질주했던 삶
한 발 물러서서 관조해 본다
수없이 정 맞으며 이를 악물었던 시간들
상처투성이 내면을 털어내고

옹골지게 품은 뜻
나이테 속에서
간절하다

바람이 분다
몸을 웅크린다

봉정암을 오르며

무거운 가슴을 내려놓겠다고 백담계곡을 오릅니다 생각이 가슴을 짓눌러 연옥빛 담潭에다가 번뇌를 한 개씩 씻었습니다

사자 바위에 앉아 산 아래를 봅니다 평생 갯뻘 속만 헤집고 다니던 짱뚱어도 산으로 튀어 올라, 부처가 되겠다고 숲 사이에 서 있습니다 커다란 새도 바위가 되어 꼼짝 않고 알을 품고 있습니다 산안개는 골골이 일어나 묵화를 치며 소나무 등걸을 휘감고 있습니다 만물의 형상을 하고 긴 세월 속에 서 있던 바위들도 그들만의 고민을 용트림하며 결결이 숨을 토합니다 오르막 내리막, 인생길이나 산길이 다르지 않다는 걸 모르지는 않지만, 향기와 빛깔에 현혹 되었던 생生 푸르름 짙은 팔월의 설악산에 잎새 한 장 없는 앙상한 고사목이 알몸으로 해탈한 듯, 구름을 보고 서 있는 모습을 보고 있습니다 구름과 안개는 경계가 없어집니다

폭우 뒤에 흙탕물처럼 범람했던, 내 속을 우글거리던 번뇌들이 계곡에 내리는 폭포의 법문을 듣고 있습니다 무거

운 돌이 짓누르는 듯 답답하던 가슴이 폭포 속에서 뚫
리고 있습니다

마지막 짐을 봉정에 와서 다 내려놓았습니다

금장대

누대엔 햇살이 말갛다

켜켜이 쌓인 기와지붕 위 퍼렇게 피어나던 와송도
저승 속으로 사라져 버렸다
무녀들의 비손과 치맛자락 스치는 소리가
달빛을 휘감았다
허물어진 돌탑 언저리를 떠돌던
업보는 삶의 무게였다
꽃이 피고 잎이 돋고 강이 흘렀다
병풍처럼 둘러친
상형문자 위로 어른어른 영혼이 비쳤다
사라진 것은 회한도 품고 갔다
자진모리로 달그림자를 흔들었다
부엉이가 울었다

흐르는 듯 멈춘
회포의 소용돌이는 깊다
제 물에 취하다 한 몸으로 깊어진 초록 물빛
기러기도 날개를 접고

솔숲의 백로도 덩달아 내려와
제 그림자에 취한다

단청이 화려한 금장대 배흘림기둥
오방색 단청이 임금님처럼 서라벌을 내려다보는데
강섶을 서성이던 바람
배롱나무에 걸려있다

빠진 올

김장 배추를 사러 시장에 가다가
손 뜨게 가게 앞을 지나게 되었습니다

신혼 초 남편의 가디건을 떠 주던
밤낮이 걸려 있었습니다
손끝에서 아련한
아장아장 걷기 시작한 딸아이의 코트
포근한 분홍빛 목도리
개구쟁이 조카들의 끈 달린 모자
올망졸망한 추억입니다

털실을 사서 집으로 왔습니다
안경까지 꺼내 쓰고 뜨개질에 매달렸어요

햇살 환한 창가에서
빠진 코가 있다는 걸 보게 되었어요
풀어야 할지 그냥 떠 나가야 할지
한참을 망설이다가
활활 타던 밤을 다시 풀어냈지요

〉

다시 뜰 수 없는 지난 날
코 빠진 올처럼
빈 들녘에 서 있는 허수아비처럼
덜렁 덜렁
아프게 가슴에 매달려 있습니다

연화사 백의관음

절벽은 구름을 타고 있다
굽이굽이
하얀 미소를 짓고 있다
순백의 연꽃을 화관에 꽂았다
애기 동자가 올라 앉아 있다

꽃 위에 앉아 계신 부처님
구름에도 앉아 계신 부처님
처처處處에 있다
단청조차 다 벗겨진 쇠락한 절집문살에서도
벼랑 아래로 소용돌이치는
이승과 저승의 까마득한 강물에서도
연꽃은 피어 있다

기대가 곤두박질치면서
소용돌이 속에 휘말렸던 날들
난무하는 세상살이도 때가 되면
연꽃으로 피어 날 수 있다

푹푹 빠지는 진흙탕도
숙성의 길이다

빈집

묵정밭이 된 텃밭이 잠시 술렁거렸다
반질반질 윤기 나던 손길을 기억하는 툇마루
뽀얀 먼지를 뒤집어쓰고 있다
스프레이로 물을 뿌려주면 고아하게 피어나며
자랑스럽던 매화석도
달이 선명하게 박힌 월석도
문갑 위에서 메말라 희뿌옜다
한 생을 부려놓았던 이야기
두레상에 모여 앉은 자잘한 웃음이 행복했던
피붙이들 대신
햇살이 엉덩이춤을 추며 한가롭게 노닐다 간다
약주가 익어가던 광에는 향그런 내음 대신
거미가 겹겹이 진을 치고
흙담 사이사이로 마른 담쟁이 넝쿨
빨대 같은 손바닥 맞대고 딱 붙어 있다
온갖 추억은 뼈대만 앙상하다
뜨겁게 달구어질 순간은 고요 뒤에 온다며
바람만 편하게 제집처럼 들락거린다

여름날

뿌리 뽑히고 등이 부러져
떠내려 온 풀들
여울의 작은 돌 틈새에 걸려
전신을 버티고 있다

생의 격류에 휘말린
숨쉬기조차 힘겨웠던

버팀의 시간도 시간이었다
삭풍 휘몰아치는 음지의 동짓달에도
희망 같은 봄을
작은 씨앗처럼 품고 살았다
민초들이 살아 내었던
질긴 인내
걸리며 찢기며
골짝 물에 쓸려 내려오는 풀잎이 있다

진초록 물소리에 섞인
매미들 짝짓기 하는 울음사이로

영원을 향해 달리는
찰라의 길목 같은
팔월 염천이 달구어 지고 있다

맹그로브 숲에서

쪽배를 타고 숲으로 들어갑니다 저무는 햇살이 강물에 어립니다 숲 사이로 강물이 길을 내고 있습니다 스며든 빛에 평화가 어립니다 키 작은 사공에게 나이를 물어 봅니다 스물한 살이라고 수줍게 말합니다 검은 피부의 깡마른 모습은 가난을 보여 줍니다 맹그로브 군락은 어린 사공이 살아가는 터전이 되었습니다 부레옥잠도 덩달아 떠 있습니다

낡은 빨래가 걸린 수상가옥도 무리지어 떠 있습니다 자유를 찾아 떠나 왔지만 받아주는 곳 없어 흔들리는 배가 집이 되었습니다 배의 기둥에 매달린 허벅에 등을 새우처럼 구부린 남자는 낮잠을 잡니다 발가벗고 응가를 하는 아이 옆에서 엄마는 물을 길어 설거지를 하고 소년은 낮은 물에 서서 그물을 던집니다 검은 피부는 더 검게 탑니다 환상을 그리며 떠나온 맹그로브 숲에 떠 있을 수밖에 없는 베트남 난민의 수상가옥을 봅니다

쪽배를 내려서 큰 배로 옮겨 탑니다 바다처럼 넓은 톤레샵 호수는 메콩강이 끌고 온 황토강물과 손을 잡습니다

노을이 낮은 구름사이로 살포시
강물을 흔들고 큰 배도 흔들고 구름도 흔들고
아름다운 맹그로브 숲을 꿈꾸며 여행 온
내 생각도 흔들고,
가엾은 어린 거지들을 보며 무거워진
내 마음도 흔듭니다

호수에 일렁이는 황금빛 노을은
그들에게도 나에게도
위로가 됩니다

4월, 보문 호수

연분홍 가슴을 뒤흔든다
못내 아쉬운 듯 내리는 이별
온몸 사루었던 혼불이다
황사바람에
휘날리는 생각은 호수만큼 깊다
헤어짐이
언제나 슬픈 것만은 아니다
이승과 저승의 강을 건너는데
노승의 염불소리도 없다
북소리 징소리 바라소리의 범패 의식도 없다
즐거운 장의
흥겨운 장의
나무의 영혼은 사람보다 고수다

꽃비 속에서
핑크빛 꽃무늬 옷을 입은 강아지 깡충거린다
새도 지저귄다

꽃잎은 분홍카펫을 깔고
호수는 꽃가지를 치렁치렁 떠받들고 있다

껍질을 깨며

모래바람소리
강물의 속 깊은 상채기가 앓고 있는
고독한 신음소리
은하 흐르는 별들의 묵언이
새벽이슬로 열리는 빛나는 떨림
지난한 겨울이 응축한 납매*臘梅
향기를 터뜨린다

보내려고도 안으려고도 않겠다고 마음 다지는
허방 같은 불면의 속살
온갖 상념들이 널뛰기 한다

잎사귀 한 장 남기지 않은 관목의 끝자락에서
꽃망울 감싸고 있던 두터운 껍질들
깨어나려고
실금을 그으며 눈치를 본다

*납매(臘梅) : 섣달의 추위를 이기고 그윽한 향기를 뿜어내는 매화

아홉산

옆구리로 때론 정수리로
휘감아 오르는 바람

보라빛 야생화
그리움으로 떨고 있는
상수리 낙엽 지는 숲속

푸른 대나무 숲 혈맥을 뽑아
비취빛 호수가 꿈에 잠긴다

벗어나지 못한 굴레 되어
돌고 돌아 옹이 같은
맴을 도는 회동저수지
떨치고 싶었지만
차마 돌아 나올 수 없었던 참담함
주저앉아
오히려 등뼈가 된 물길

시린 아픔 삭이며

흐르다가 고이다가 맑아진
연옥빛
포개고 있다

* 아홉산 : 부산 회동저수지를 감싸고 있는 산

이 가을

식탁 위의 유리 바닥에 쏟아지는
하늘 속으로
짙고 푸른 바다가 출렁이고 있다
내 마음 속 하늘도
바다를 거느리고 있을 때가 있다
때론 투명해진 가을 물 같다가
어떨 땐 짙은 먹구름 드리우며
소낙비 곧 바로 쏟아 부을 듯

일렁이는 마음을 조복 받아 보려고
경전을 머리맡에 두기도 하고
무릎이 삐걱이도록 절 수행을
자책처럼 하기도 했다
자연이 순간순간의 자신을 비추이거늘
나 또한 어찌 그 분신이 아니겠는가
이제 나도 거스리지 않는 물처럼
순응하며 흘러 갈 것이다
애쓰지도 않고 몽롱한 노을빛 흐르는 대로
순간순간 본성대로

나를 드리우리라
흰 눈이 내릴 때와
봄이 오는 초록 들판과
누가 보든 안 보든 나의 색을 풀어
이 가을 나를 채색하고 싶다

덕주사

생의 의문을 끌어안고
낙엽 한 잎
편지처럼
맑은 계곡을 떠내려가고 있다

일주문 대신
미끈하게 큰 키로 선 선돌
바람을 끌어안고
덕주산성이 지켜 온 역사를 보고 있다

우뚝 솟은
층층바위는 물물이 부처이다
아라한이다
떠날 수 없었던 삶의 경계
월출산은 아직 달이 뜨지 않았다
소나무 굽은 등허리에 하얗게 앉은 눈
흔들리지 않으려고
설경을 채색한다
댓잎사귀 초록 테두리만 남긴 채 하얗게 쌓인

바람을 가볍게 흔들면서
다라니경을 읊는다
덕주산성 돌담을 따라 돈다

겨울 산행

블록 담장의 벽화가 덩실덩실 춤추는 등산로 입구는 어서 오라고 반겨줍니다 겨울 가뭄에 바싹 마른 떡갈잎이 갈색으로 뒤채이며 오솔길을 덮고 있습니다 걸을 때마다 스치는 마른 풀잎과 이리저리 뒹굴던 낙엽들이 바삭바삭 소리 내며 반겨줍니다

산 중턱을 오르는데 부슬부슬 비가 내립니다 마른 황토와 낙엽이 뒤엉키는 냄새가 빗방울에 묻어납니다 하산할까 잠깐 망설이다가 다시 마음 추스르고 가파른 언덕을 치고 오릅니다 인생길처럼 울퉁불퉁 올라갔다 내려갔다 하는 산길이 비에 젖습니다 봄을 준비하는 메마른 가지 끝이 분주합니다 낙엽들이 젖고 젖으며 산과 하나가 됩니다

무수한 산봉우리들이 촉촉이 피어 오릅니다 웅크렸던 푸른 동맥입니다 운무의 숨결에 선계와 속계의 경계가 사라집니다 정상에 오른 나도 신선이 된 듯 두 팔을 벌리고 하나의 산이 됩니다

제 2 부

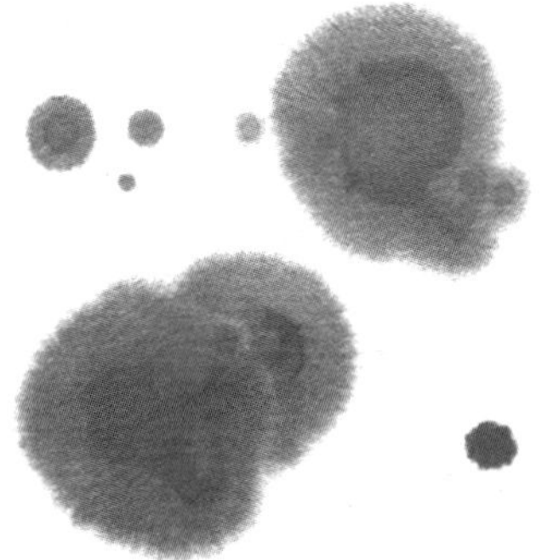

봄이 오기까지

안간힘을 썼다
늪에 빠진 엄동설한을 버텨
다시 봄이 오기 까지
돋아나려고 애썼던 몸부림
오를 수 없는 암벽에 부딪친 듯
오리무중 속을 휘휘 휘돌아야만 했다

이름 난 무엇이 되지 못해도
서로를 바라보며 사는 작은 별처럼
기다리고 기다렸던 한 생애가 있다

모진 혹한이라 해도
꽃피는 순간이 짧다 해도
매화 향 그윽하게 퍼지는
한 줄기의 빛
얼었던 가슴을 녹게 하는
따뜻한 사랑의 말 한마디
듣고 싶었다

피어나는 연 녹의 새 잎
꽃보다 곱다

씻김 굿

언어가 아닌 침묵이다
날이 선 허공에 우물을 판다
가지 않으면 견딜 수 없는
길은 헤매이면서 알게 된다
누더기를 걸친 무녀가 지나간다
푸른 영혼은 바람 냄새가 난다
살아 꿈틀거리던 스타카토, 곡진한 음표
무녀가 절규 한다
은방울꽃이 푸른 빗방울에게 방울을 흔든다
비바람이 미묘한 날개를 턴다
무녀는 버선을 벗고 뽀오얀 맨발로 작두를 탄다
옹이진 슬픔이 맑은 물빛 바람이 된다
차곡차곡 스스로를 다지고 또 다진다

그리움을 그리워하는 시간
심장을 쿵쾅거리며 설레던 아기별들이
작은 풀꽃들의 풀씨가 되었다
죽은 나무 등걸은 이무기가 되었다
젖은 수묵이 서늘한 이마로 가슴을 씻어 낸다

섬세한 기억의 파동이 따뜻해 온다
명암을 드러내는 낭떠러지와 가파른 산
순간을 몰입한다

난 분분 떨어지는 꽃잎 사이로
순백의 나비 한 마리 날아오른다

명법사 가는 길

콩인지 팥인지 유형지인지
휘돌고 있는 아수라인지
내 속을 몰라
속계俗界에서도 도道에서도 나는 어정쩡하기에
목욕재개하고
묻고 물어 찾아가는 길

지름길 언덕을 넘는다
속계를 떠난 길은 느낌부터 다르다
철새가 유유히 노니는
그림 같은 곳
바람도 품어 안은 곳

말똥 냄새 풀 냄새에
발 헛디뎌 넘어졌다
웅크린 손 야무지게 쥐고 있는 고사리
달래와 쑥도 지천이네
범종소리 염불소리 다라니경 읽는 소리도 지천이네

내 인생에 언제 지름길 있었던가
아니다 수 없이 만났었다
명법으로 가는 직통 길을 두고
난 오늘처럼 딴전을 피웠는지 모른다
변죽만 울리는
아수라 속에 나를 가두었는지 모른다
유형지 같이 적막하고 잡풀 무성한 둔덕에서
경전도 명법도 기도도 모두
고사리와 달래로 바꾸어 버렸네

속계에서 벗어날 줄 모르는 나의 업보는
둔덕을 휘도는 봄바람이었네

먼 나무

그가 곁에서 숨 쉬고 있을 때
때때로 그는 너무 멀었다
서로의 간극 사이에서 그를 이해하려고
무던히도 힘이 들었다

알 수 없는 곳으로 그는 떠났다
부재에 적응하느라 그의 것들을 하나 둘씩 치웠다
즐겨하던 바둑돌도 서재를 가득 메웠던 서적도
나의 잔소리도 지웠다

느닷없이 꿈속에 들어와서 해몽할 수도 없는
의문만 주고 사라지는 그
아물지 못하고 칭얼거리는 내가
걱정이 되어 왔는지 모른다며
나름 꿈 풀이를 하다가 잊어버린다

예지몽이었음을 뒤늦게 알게 되기도 한다
저승에서는 식識도 밝아진다던데 그는 아직도
나의 아둔함을 모른다

풀 수도 없는 암호같이 나타났다가 사라지는
경계를 떠난 그에게 투정을 부린다

사랑했고 미워했던 연리지
이젠 낙엽 졌지만
꿈속까지 옆에 와 걱정해 주는 그가 그립다

빨간 사랑의 열매 가슴에 매달고 흰 눈밭에 서 있는
떠난 후에도 못 떠나는 그는
멀고 먼 먼나무*

*먼나무 : 따뜻한 바닷가 남해 제주 부산등지에 자생하는 상록수. 빨간 먼나무 열매로 사랑의 열매를 만들어 사랑을 실천하겠다는 의미로 가슴에 단다 .

사성암

발아래가 구름바다다
아니 번뇌 바다다
제비집처럼 기암절벽에 기둥을 세운 암자
하늘과 가까워서인가
아님
성인들이 선에 들었다는 선기禪氣 때문인가
줄줄이 소원바위 앞에 매달은 염원은 숙연하다

굽이굽이 섬진강 흐르는 물길을 내려다보며
숨 돌리는 가파른 절벽 돌계단 한 모퉁이
팔백 년 된 귀목나무
아찔한 겨울 절벽에 서 있다
팔백 번의 신록과 낙엽과 무성함과 앙상함을
모두 다 체득한 경지를
몸으로 법문하는 걸까

발효되어 향기로워 질 따스함으로 가고 있는 것인지
소원할 만한 것을 소원하는 것인지
되묻는 걸까

〉

절집으로 가는 풍광에 더 마음이 끌려
유람하는 떠돌이지만
벗어나지 못한 굴레 같아 답답하다
어디에도 뿌리 내리지 못하고
한 발을 빼고 사는 나에게
귀목나무 한 그루
한자리에 서서
깊은 법문을 하고 있다

여수 파도소리

무술목과 두문포는 둥글게 서로를 감싸고 있다 지망없이 떠돌던 안개 숲속 길을 걷는다 산나리 주홍꽃잎에 입맞춤 한다 떠도는 마음에 힘줄이 생긴다

수평선과 하늘이 흐믈거린다 스멀스멀 무너지며 경계를 풀어 버리는 속내 작은 무인도는 초록 이불을 나누어 덮는다 어선들은 방파제에 나란히 몸을 기댄다 먼 여정의 이야기를 출렁출렁 풀어 놓는다 길도 없는 빽빽한 숲을 헤치며 안개도 비도 축축하게 젖는다 숲속의 풀잎들과 나뭇잎에 지치지도 않고 내리는 비 두문포의 회색 바다를 북처럼 두드린다

어디서나 뿌리 내리고 싶은 파도와 생각하고 또 생각해 너무도 깊어진 마음, 진솔하게 풀어내고픈 바다는 우주가 내던 생경한 빛이다 꽃잎 피고 꽃잎 스러지는 층층단애도 숨 고르며 비를 맞는다

나도 비를 맞는다

아버지 문풍지를 바르신다

추억이 떨고 있다
아버지 가슴에 이는 문풍지
삭풍을 바르셨다

더 이상 문이 아닌
홀연히 가버린 것들 뒤집어
갈대 잎 떨판으로 떠는 젓대 소리
애쓰며 건너야 할 강도 없는
벼르고 별러야 할 어떤 것도 없는
시나위
끊어질 듯 잦아드는
곡소리 같은
문풍지

울보

눈물은 말라 있었다
내 인생을 통으로 주무르며
희비에 빠지게 했던 그가 떠났을 때도
눈물은 솟지 않았고
불면만이 나를 잡고 놓아주지 않았다

인생의 가을이 깊어서인가
낙엽처럼 다 떠나서인가
바람 한 줄기에도 한 줄의 싯귀에도
온몸 사르며 부르는 노래를 보면서도
시도 때도 가리지 못하고 주르륵
눈물이 흐른다
아직도 짓물러야 할 무엇이
내 속에 있는가
아직도 사루어야 할 무엇이
남아 있는가
살아 내느라 매장되었던 꿈
다 떠나고 나서야 다시 뒤채이는가

뒤돌아보아야 되돌릴 수 없는 세월이
황혼의 노래를 부르고
다 시든 풀이 홀씨를 날리고 있다

천은사

검은 산자락 사이로
불쑥 해가 솟는다
지리산도 층층이 잠을 깨고
응진전의 골기와 처마 지붕 위로 새벽을 즐기던 햇살
계곡물 맑아서 몸 담근
작은 돌들 가부좌 친 무릎을 지나
감로 숲을 포행하며
수홍루로 올라선다

금빛 물너울 싱싱하게 살아
진초록 가득한 환희지
한 방울 한 방울 이어지며 빚어 내는 빛의 호흡
순간의 아름다움은 매 번 출렁임이 다르기에
마음의 문을 열 때만 볼 수 있다

무지개를 걸고 싶어 했던 바램이
초록을 집착했었다
혹한도 푸르게 이겨내며 반짝이는 댓잎들
얼키고 설킨

세속에서도 산문에서도
듣고 싶은 말만 듣고 보고 싶은 것만 보았던
허깨비 같은 나를
산문의 새벽은
반짝이는 햇살처럼 해맑은 법어를
듣게 한다

허둥대었던
속진을 가라앉힌다

연등을 켜고

마지막 잎새까지 다 떨구고
쓸쓸히 버티었다
살아가는 것 너무 힘겨울 때
흐린 구름이 포근히 감싸 안아 주었다
때론 피지 못한 꽃으로 씨방조차 말라붙어서
사그러지며 떨어져 내렸다
이른 봄 하얀 눈을 뒤집어쓰고 솟아나
황금빛 꽃등을 켜는 복수초도
수줍은 제비꽃 보랏빛도 모두모두
찾는 자에게만 가슴을 열어 주었다
마음 밖에서 구하느라 헛것에 홀리었던
지치고 오염된 몸
삭고 또 삭아 붉어진 가슴
습을 해탈한 또 다른 무엇이 되고 싶었다

마지막 성불을 서원한 지장보살 같은
꽃잎 벙그는 소리
저문 달빛에 시리다

수술

은빛 별들이 쏟아져 내린다
어떤 별들은 노란 부리를 삐쭉 내밀며 날아간다
G단조로 흐르는 부르흐의 바이올린
축 처진 시간을 흐느낀다

진보라빛 동굴이 열리자
빛과 오로라 둥글게 뒤뚱거린다
이끼 낀 기암괴석 사이로 쏟아져 내리는
햇살의 폭포
깊은 수렁 속으로 빠진다
바이올린은 아픈 계단을 타고 음계를 내려간다
퍼즐 같은 깊은 상처
조각조각 살을 찢으며
부르흐의 현 속으로 잠겨 든다

느닷없는 새소리에 눈을 뜬다
나무 잎 살랑이는 눈부신 햇살
꿈인 듯 건너가고 있다

여

꺼내어 보일 수 없어 오히려 흐뭇한 것

아무도 몰래 풀어 헤치다가
소스라치며 마음 속 깊이 감추는
누구에게도 말할 수 없는
비밀 같은 것

느낄 수 없어 늘 부러웠다

흩날리는 머리칼
전율로 몸을 열었던 순간
굽이치며 빛으로 일어선
열락이 영원일 수는 없었다

섬이 된 나의 몸을
마구 짓밟아 덮쳐버린 파도
견디기 힘들지만
내 스스로만 느낄 수 있는 오롯한 시간

빗장 풀지 말고 나를 지킬 걸
후회하면서도
조울증의 반복 같은 조류에 흔들리며
마음 어쩌지 못해
그리워지는 파도

봉은사 판전에서

묵향에 끌렸던 시절
살아 꿈틀대는 장쾌한 붓질을 꿈꾸었다
디딤돌처럼 딛고 일어서려 했던 시간은
버석돌처럼 부서져 내렸다
썰물 빠져나간 갯벌처럼
나를 드러낸 부끄러움
허우적거린 절망
내가 건 최면 속에서
우물 안 개구리였던 시절
안달하느라
아마존의 나무늘보처럼
늘어져 잠들어 보지도 못했다

봉은사 우듬지 서고書庫 이마엔
깊은 격조가 향기로 서린
추사의 현판이 걸려있다
꽉 찬 듯 어수룩한 선
여백의 경계를 넘나들며
군더더기 욕망을 비워내고 있다

〉

바람 소리

고졸古拙한 넋에 반한

푸른 사월이 색색의 꽃등을 켜고 있다

다시

하고 싶은 것 너무 많아
윤회하고 싶다
건드려만 보고
핵심도 보지 못했던
호기심의 방랑
문 열고 들어가
냄새 맡고 씹어보고 싶다

보고 싶은 사람 너무 많아
윤회하고 싶다
끝이 보이지 않아 막막했던 그때엔
모든 사슬을 끊고 싶었다
이제
끝자락에 걸린 그리운 사람들
시린 가슴으로 더욱 그리워지는데
놓지 못하는 열망
신주단지처럼 끌어안고 정진하고 싶다
설레임으로
허기진 나를 달래며

푸르러 지며
낙엽 지며
꽃 피우며

봄날, 산여마을

향내가 휘도록
산여마을 산사나무
하이얀 꽃 꿈길인 듯
산 넘고 물 건너 굽이굽이 아늑한

깊고도 긴 삼매 풀어낸
버들치들
햇살 알갱이 튕기며
개여울에 내려앉은
연초록 운제산의 봄을 희롱 한다

봄을 한 짐 이고 선
팔랑이는 나비처럼
골짜기 골짜기 깊어진 아지랑이
들춰내며
그녀

비비추 부지깽이 주벌바우 참나물 쑥부쟁이...

봄나물 듬뿍 뜯어 얹어 주는
산 내음 그윽한
그녀가 있기에 더 더욱 정겨운
봄날 산여마을

드림로드

모든 것은 자기만의 의미를 지니려 한다

숨결과 애증이 집착하다 떠나듯
순환의 결들은 엉기지 않고 자기 길을 간다
드림로드엔 꿈꾸던 환상이 경계에 있다
뒹굴고 휩쓸리다 흩어지고 있다
물들지 못하고 떨어진 상록의 초록 잎새도
요절하듯 섞이어 있다
아기단풍 쬐그만 고사리 손까지 빨갛게 흩날리고 있다

홀대할 수 없는 꿈들이 단풍들고 낙엽지며
한 생의 편린을 마무리 짓고 있다

플룻은 부드러운 음색으로
사랑했던 날들을 노래하고 있다
모이고 흩어지며 꿈꾸었던 회상들이
바람에 흩날리고 있다
아름다운 단풍 길에서
바람에 쓸린 낙엽들 뒤풀이 하듯

낙엽끼리 또 모였다
팍팍한 영혼에 쓸쓸한 향내가 난다

풋풋하기만 해서 힘들었던 초록도
농밀해져서
멋진 춤사위의 절정을 휘날리며 낙엽진다
꿈꾸었던 모든 것들은 우주가 된다

이 생각 저 생각 고운 단풍잎
지었다 허물었다 잔물결 일으킨다
이승 저승 피고 지는 꿈
깊어간다

제 3 부

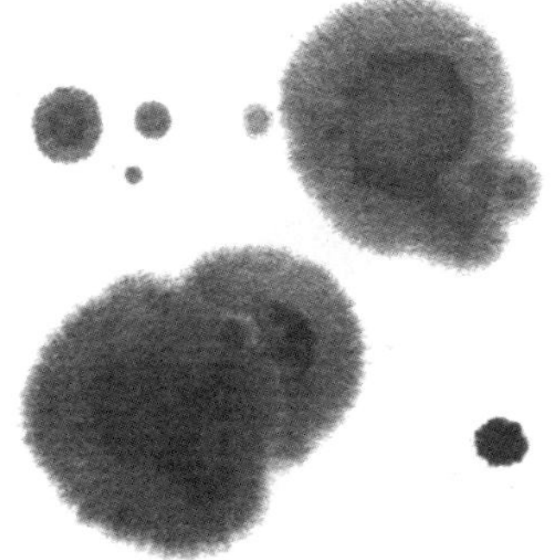

첩첩줄기

그는 푸른 숲을 휘도는 내라 했다
자갈돌 해맑게 어리는 물빛이라 했다

서둘러 숲에 들어와 앉은 강
무성한 잎으로 헹군
긴 강줄기
마음 줄기
거슬러 오르면 외로움의 첩첩 줄기

먼 하늘 끝
그를 우러러 보았다
그의 외로움은 나의 생채기

밤새워
그리운 강 내려다보던
쓸쓸한 바람
징검다리를 건너간다

햇빛에 물드는 바람소리

염색을 한다
쪽 풀을 우려내어
쪽빛보다 더 푸르게
햇빛에 바람을 헹구며 넌다

노을은 하구언을 붉게 물들이며
진하게 흐리게 때론 그라데이션으로 농담을 넣는다
낙동강의 긴 비단자락은 저녁이면 붉은 물이 들지만
아침이면 웬걸 또 다시 푸르다
가슴 속 깊이 스며든 내공을
내색하지 않는다
속을 조금도 감추지 못하고
기쁨과 언짢음을 드러내는 나
집 앞을 흐르는 낙동강에게 한 수 배운다

작은 꽃 한 송이 피어 올리는 희망과
존재의 무상 속에서
세월은 늘 짐을 꾸려서
떠나며 흐르는 강이다

〉

오동 꽃이 핀 오월
누구의 것도 아닌
바람소리조차 연보라빛으로 물이 들었다
산 가운데 우뚝 서서 수많은 꽃 종을 달고
무언가 해야 할 말이 많은 햇살을 흔들고 있다
햇빛은 바람의 등을 살살 긁어주며
꽃 색을 내느라 분주하다

공도 색도 없다

저녁예불을 기대하며 불국사에 들었다
차단막을 친 경내는 문을 꽁꽁 걸어 잠그었고
휑휑한 나목들만 어둠살에 걸려있다

한때는 꽃으로 잎으로 만개 했었던
나목들
공과 색이 다르지 않다는 법문을 하고 있다

어둠과 밝음
그 먼 간격 사이에서
어둠이 밝음 안에 있기도 하고
또 밝음이 어둠 안에 있는
우주의 설법을
어떻게 받아 들여야 하는지 몰랐다

저녁 범종소리에
색과 공을 뒤죽박죽으로 섞었던 시간들도
색 속에서 환희하다가 절망하던 미망들도
깨달음을 얻은 듯

고즈넉해진다

어둠이 밀려난 곳에 불 밝히듯
함박눈이 내린다

산책

나무그늘과 햇살이 몸을 뒤섞습니다
오솔길이 아롱집니다

해탈하고픈 푸른 숲은
색색으로 물이 듭니다
쉬임없는 담금질이
더 많은 피톤치드를 뿜어내고
낙엽들은 백척간두를 뛰어내리고서도
또 훨훨 춤추며 유유자적합니다

떨어지는 낙엽조차
내 속을 말갛게 읽고 있습니다
오매불망 그리워해야
반짝이는 햇살과 살랑이는 영감이
스며든다는 것을
몸소 가르쳐 줍니다

불면을 휘감고

또아리를 튼 엉킴들이 숨을 죽이고
서로 뭉쳐만 있었습니다
끙끙 앓으며 막막해 하던
길고 짧은 마음이
자기를 버리는 낙엽을 보며
한 올씩 풀리고 있습니다

마음속을 거울처럼 들여다보고 싶어서
서늘한 가을 숲 속을 거닐어 봅니다

석굴암

푸른 댓잎들 반짝인다
운무를 헤치고 태양을 떠받드는
수광전 앞 석등이 단아한 모습으로 서 있다
갈고 닦으며 쌓은 탑
그리움의 갈피가
층층이 돌꽃이 되었다
바위처럼 묵묵했던 세월을 열고
지극한 기도로 고비를 넘겼다

쌓인 눈을 쓸어 내는 빗질 사이로
삭히지 못해 응어리진 얼음조각도 쓸려 나간다
행자스님도 불목하니도
엇나간 인생을 쓸어내듯
땅바닥에 빗금이 가도록 싹싹
눈을 말끔하게 쓸어낸다
폭설에 짓눌려 부러지는 나목의 눈빛을 잊을 수 없다
빛과 어둠을 달관한 수막새 기와
발복도 기대도 관념도 이미 놓아 버린
천년의 미소를 짓고 있다

〉

부처님 미간에 동해가 푸르다
오른쪽 옆구리로 맑은 햇살이 인다

김녕 성세기 바람개비

까치놀을 따라 여기저기 작은 산을 만들고 누워있는 하이얀 모래 벌 바람 센 곳의 바람개비는 은빛날개를 달고 바람을 낳고 있다

유년의 추억이 돌고 있다 아버지가 바람개비를 돌리고 있다 색종이를 접어 신문지를 접어 아버지가 만들던 바람개비, 바람을 타고 해풍을 타고 시간을 타고 공간을 타고 아버지가 오고 있다

북 제주의 나무들은 바람 부는 방향으로 휘어져 있거나 바람 혹을 울퉁불퉁 달고 바람 따라 흔들리고 있다 세찬 바람 속에서 재목이 되지 못한 열등감은 늘 산목散木처럼 우수수 바람결에 나부꼈다 중심잡기란 나무나 사람이나 힘들긴 마찬가지 아버지의 사랑은 중심이었다 가슴 속에는 혹이 자랐지만, 혹으로 둘러 친 바람막이는 어떤 바람도 다 막아 주었다 태풍도 격랑도 다 막아준 아버지가 까치놀을 보고 있다

〉

겨울 한 철은
모래바람을 뒤집어쓰며 바람개비로 돌았다
바람의 중심은 사랑 속에서
벗어나지 못한 날개의 굴레로 돌았다
은빛 바람개비
옥빛 바당*을 기대고 있다

*바당 : 제주 토속어로 바다를 말함

오름 오름들

서 있을 수조차 없어
날아 갈 수밖에 없는 낙엽처럼
비바람에 실린
동거문이 오름
펄럭거림에 온 몸 맡긴 일회용 우의가
더 세차게 바람을 일으킨다

견딜 수 없는 그 무엇들
어떻게 가누어야 할지
정처 없던 마음
꽃향유 지천인 보라빛 기슭에 와선
물매화 하얀 다섯 꽃잎 함초롬에 사무쳐
납작 엎드리며
스스로 깊은 가을 풍경이 된다

그저 비바람으로 오름을 오를 뿐이다
문석이가 말을 치던 문석이 오름도
백가지 풀들이 다 약초가 된다는 백약이 오름도
귀천하듯 귀향하듯

피뿌리 풀꽃의 피처럼 붉은 뿌리로 엉긴다

분화구조차

한 꺼풀 벗긴 자유로움

막막함이 초연함으로 거듭난다

*오름 : 제주도어로 조그만 산을 뜻하며 제주 화산섬 위에 흩어져 있는 화산구(火山丘) 또는 기생화산구(寄生火山丘)를 말하며 분화구를 갖고 있다.

저울질 한다

순간순간을 접시에 담는다
한 손에 빈 접시를 들고
산만해진 마음도
깊어진 생각도
그리움의 그림자도 골고루 담는다

뭉근히 오래오래 끓여서
자기의 알갱이조차 허물어
어우러진 시간에도 중독 된 듯 쉬지 않고
죽비를 내려치기도 했었다

한때는 너무나 소중했던 것들
싸고 또 겹겹이 싸서 깊숙이
간직했던 것들
아끼다가 삭아 버린 것들
흐름의 묘약인 시간 속에서
무엇을 선택해야 할지
버려야 할지
순간순간을 저울질 했었다

〉

아직도 못 버리는
서가 속의 가득한 책들
숨죽이며 나를 보고 있다

버리고 버리다 제 몸마저 버려야 하는데
이제 그만 잣대의 사슬에서 벗어나
물 흐르는 대로
떠밀려 가려 한다

장마, 사막을 꿈꾼다

줄 끊어진 기타가 방안 구석에서
남루한 생을 노래하고 있다
빠삐용이 되길 노래하고 있다

그리운 마음은
비를 맞으며
젖을 대로 젖은
마음을 거침없이 받아준다

붓을 들어 일필휘지하는
절정의 만남은
아름다운 여백을 늘 갈구하고 있다
세찬 빗살은 행간을 읽고 있다

애타게 찾아 헤맨 물길
사막의 오아시스를 꿈꾼다
유랑하면서 길을 내는 순례자처럼
저마다 다르게 갈구했던 우주
싱싱한 악기로 가득하다

〉

개망초 하얀 꽃무리
무심한 듯
빗살에 흔들리고 있다

칠머리 굿당

깎아지른 절벽 위
치솟던 꿈과 절망의 나락을 쪼개며
돌담이 낮게 둘러쳐져 있다

띠배를 띄우며 바람을 달래고 풍어를 기원하던
삶의 부분 부분들
주상절리가 포개고 또 깨어지듯
빌고 빌었던 소원들이
굴 속에도 마음 속에도 신당을 차렸다
세월이 흐르고
받들어야 할 가치가 변해도
켜켜이 쌓인 바램을 경계 지을 수는 없다
간절한 염원은 하늘도 외면할 수 없다

허망한 작별에 눈길을 뗄 수가 없는
필부들의 생은 대개 쓸쓸했다
헛꿈일망정 빌어 보다가 핑계를 대어 보다가
자신의 아둔을 자책하는 한 바탕의 태풍을 겪은 후
스르르 꼬리 내리는 바람이 된다

〉

사라봉 오르는 산책길 동쪽
푸른 절벽 위
신명을 음각하여 위패가 된 세 개의 바위 앞에
드세던 바람도 잠잠히 엎드린다

철썩 철썩 파도치고 또 쳐 대는 칠머리
이월의 바람은 영등할망과 함께 온다

팔용산

수문장 같은 커다란 돌탑이 서 있다
탑들이 무더기무더기 오솔길을 오르고 있다
작은 탑, 큰 탑, 둥근 탑, 길쭉한 탑,
사람 탑
천기의 탑이 하늘을 우러르고 있다
허구한 날 쌓고 또 쌓은
기원이 탑산을 이루고 있다
언덕에 올라서니
발아래도 탑이 있다
올라가기도 하고 내려오기도 하는
인생살이가 보인다
언덕에도 비탈에도 일념으로 일구어 놓은
탑이 된 산이 있다

탑이 된 산을 오르는 사람들
모두가 향그러워진 5월의 탑이 된다
아카시아 향내 흐드러진다
손을 모아
첩첩 쌓아 올린

돌 하나 돌 둘
꽃이 된 탑
하늘을 가슴에 품었다

*팔용산: 마산에 있으며 한 처사님이 통일을 기원하며 온 산을 탑으로 쌓은 탑산

해녀촌 등대

쪽빛 해조음이 돌담길 헤치며 골목골목을 돈다 더는 견딜 수 없는 숨비 소리에 성게는 가시 촉을 바짝 세운다 흰 모래 훤히 들여다보이는 바당* 수많은 파도의 문들을 걸었다 풀었다, 열었다 닫았다, 끝없는 궁금증에 지나가던 수묵구름 내려와 파도의 건반을 딛고 삼매에 든다

우두커니 서 있는 빨간 등대 눈이 빨갛게 부었어도 하이얗게 부서지는 파도만 보고 있다 해녀들의 물질만 보고 있다 아니 숨비 소리에 애간장이 빨갛게 절여지고 있다 마음의 끝은 얼마나 깊은 것인지… 곰삭히며 또 되새기며 보이지 않는 곳까지 심안을 열고 있다

눈부시도록 하이얀 모래톱을 옆구리에 낀 해녀, 검은 갯바위 아래서 이미 폐선처럼 삭은 몸 구부리고 초탈한 듯 몸국*을 끓인다

검은 뱅어돔 유영하듯 나도 겨울 나그네 되어 등대 옆으로 서성인다

*몸국 : 모자반(해초)로 끓인 국(제주 토속음식)
*바당 : 바다

벽화

암흑을 켜켜이 털어 낸
우거진 수풀이 한 켠에 엉켜있고
바람꽃도 해사하게 웃고 있다
갈기를 세운 말발굽이 달려온다
아미가 반듯한 오똑한 콧날에
피카소의 그림이 걸려있다
여인의 아기가 등딱지처럼 붙어있다
이상한 문자가 벽면 구석 널려있다
구석구석 암각 되어
풀지 않고는 견딜 수 없었던
꼭 남겨야 할 그 무엇이 해바라기를 하고 있다
아픔도 설렘도 진리도
아름다움도 소박한 마음도 다 숨 쉬며
하나 둘씩 세월의 사닥다리를 딛고 나온다
순간순간을 소중하게 살아내었던 삶의 단층들
헝클어진 퍼즐처럼 널려 있다
소문처럼 무성한 색깔을 문질러본다
그때의 이목구비가 엉겨 붙어
아직도
어떤 말을 하고 있다

병원 음악회

점심시간 중앙 진료동 1층 로비, 관객들이 된 환자들과 진료 받으러 온 사람들이 가득하다 흰 가운을 입고 라흐마니노프의 피아노 협주곡을 연주 하는 젊은 의사 그는 이미 피아니스트다 건반 앞에서 몰두 한 날들이 감미로운 피아노 선율에 젖는다

그 옛날 젊은 감성의 풋풋한 봄날 전공도 학교도 다 다른 우리는 주말에 모여 음악 동아리를 했었다 학교 강당에서 피아노를 치고 발성 연습을 하고 휴대용 전축과 LP판을 들고 와 듣고 또 들었다

눈 쌓인 밤 음악회장 야외 의자에 쪼그리고 앉아 덜덜 떨며 실외 마이크로 퍼져 나오는 연주를 들으며 행복해 했었던, 잊고 살았던 그때가 눈에 선하게 떠오른다

작곡가가 되고 싶었던 꿈을 접고 외과의가 된 그가 연애하느라고 낙제점수를 받았다며 징징대고, 이별의 아픔을 삭이지 못해 휴학을 할 수밖에 없었던 그때는, 온 우주가 아픔이었던 무채색의 날들, 가슴을 어지럽히던, 생을 마

감하고 싶었던 시간 견디어 내느라 나뭇잎처럼 흔들리기도 했었다

신열을 앓던 링거주머니를 매달고 휠체어에 앉은 아이도, 간이침대에 누워 온 몸에 깁스를 한 청년도, 온갖 병명의 환자들과 보호자도, 생의 음표처럼 다양하다 관람객과 연주자 모두 피아노의 선율 속으로 잠겨든다

병원 유리창으로 투과하는 맑은 햇살, 나무 이파리들 사이사이로 잎맥을 흔들며 아롱다롱 춤을 춘다 지금 이 순간 모두 행복하다

환상 숲에서

우리가 왜 머리를 맞대고
어깨를 감싸고
손을 맞잡고 있는지 너희는 모른다

송이* 부스러기 하나 없는 용암의 끝자락
매몰찬 바람이 요철처럼 휘감기면
내 몸이 썩어야
부스러기가 되어야
내 이웃이 살아 갈 흙이 될 수 있다고
벗은 아랫도리 부끄럼 없이
그대로 드러내고 누울 수 있는 곶*

환상의 끝은 어디일까
나목의 허리를 감고 벌레들 집을 짓고
이끼가 초록 융단을 펼치는
주검은 자라서 덤불이 된다
서럽던 가슴들 기대어와 어우러지고
가슴을 끌어안고
등을 기대며 숲이 된 곶

용암을 뚫어내고 나온 뿌리가
팔을 내주고
콩짜개 난 넝쿨이 초록으로 휘감기며
탱탱하게 숨 쉬는 곶

죽기로 살기로 살아야 하는
환상만이 살아 갈 힘을 주는
곶자왈*
피톤치드가 삼광조, 팔색조의 둥지에 든다

*송이 : 용암 부스러기
*곶 : 제주 사투리로 숲을 의미
*곶자왈 : 용암 위의 천연 자연림. 제주의 숨골. 숲을 의미하는 곶과 자갈을 의미하는 자왈의 합성어

그대로

막힌 길
한 두 번이 아니었다
가위에 눌려 꼼짝 달싹 못한 적도 있었다
꽃구름 속에 둥실 떠 있기도 했었다
마음만은 받아 달라고 했지만
뜬 구름은 뜬 채로 지나가 버렸다
망연자실 그 자리에 계속 서 있었다
발에서 실뿌리가 돋아 날 때까지
그대로 서 있고 싶었다

나무가 될 수 있을까
잎이 필 수 있을까
바위가 될 수 있을까
비가 내릴 수 있을까

언제 올 지도 모르는 소식을 기다리며
이끼가 자라는 가슴이 아린다

〉

꿈의 빛깔을 그리며
은빛 파도 일렁이는 생각들이
하늘을 본다

제 4 부

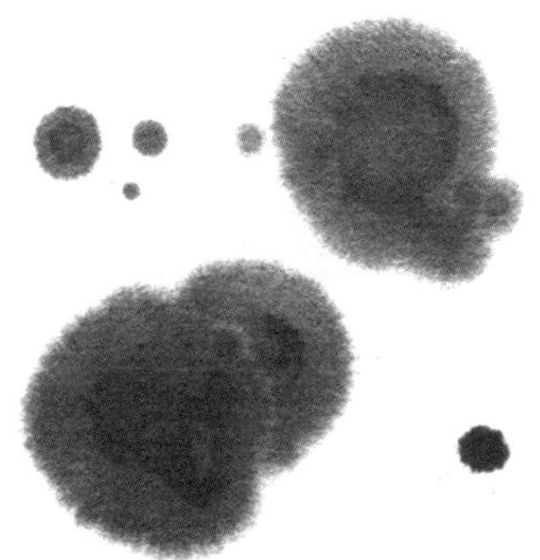

그때 그 시절

삼매에 들고 싶어 애쓰던 적이 있었다
난무하는 번뇌 그칠 줄 몰라
면벽을 풀고
휘도는 바람을 따라 나선 적이 있었다
눈앞에서 놓친 시간은 한 점씩 두 점씩 덫을 놓고
언제나 덫 속엔 바람이 일었다
추스르기엔 너무 힘들어 함께 빠져서 허우적거리던
아픔이 있었다
아린 마음은 햇살이 될 수 없음을 한탄 했었다
함정처럼 뚫린 미로가 입을 벌리고 있었다
나비처럼 날아오르고 싶었던 마음이
멍한 시간으로 머물고 있었다
겨울비가 추적추적 내리고 있었다

강물도 내 속에 숙성 된다

하구언을 바라보고 있다
강을 따라 쭉 뻗은 물빛과 하늘 저기
구름을 떠나 보낸다
포구에 기대어 서 있는 작은 어선들
먼 눈빛으로 바다를 보고 있다

내 안에 잠긴 생각들
달밤을 홀로 깨어 있다
맑고 투명하게 반짝이던 강물도
속을 뒤집을 때가 있다
샛강들이 범람해 와서 마구 들쑤셔 놓을 때
어제를 뒤집고 오늘은
내 속의 바닥까지 뒤집는다

늘 맑은 날만 있는 것은 아니다
삶이 때론 벼랑이고 소용돌이 이지만
뒤섞여 우거지는 잡목 숲처럼

내 자리를 너에게 비켜주며
뿌리를 땅 위로 드러내고 휘어지면서
디딤 목도 된다

숨죽이며 잦아드는 격랑처럼
강물도 내 속에 숙성 된다

물드는 것

떠돌던 구름도
온 산에 수묵화를 그리던 안개도
후미진 바위의 이끼도
굽이굽이 제 길을 가고 있다

불멸을 담금질하던 뜨거운 여름날도
허전한 모퉁이를 허물어 낸다
너럭바위 위의 적멸은 노을조차 머무르게 한다
물들어 가면서
나에게 초록이 아닌
다른 색이 있다는 걸 비로소 알게 되었다
계절이 내 안에 꽃을 피우고
기대가 곤두박질치고
무성했던 번뇌 속에서
허우적거렸던 아픔들
소용돌이치던
세상살이가 고즈넉이 잦아들었다

〉

꿈꾸었던 미래
쓸쓸함이 집을 짓는 해말간 가을이 오기까지
나는 나의 빛깔을 몰랐었다
붉디붉게 물드는 것이 핏빛 가슴인 줄을 몰랐었다

빛을 염원하던 황혼
우수수 내리는 낙엽 되어
굽고 굽은 길에
바람 되어 흩날리고 있다

길이 보이려나

짙푸른 여름날의 오솔길도 눈에 넣어 보고
외로운 눈밭의 노송도 마음에다 그려 보면서
망상의 늪에 빠졌다

땅 속에도 물 밑에도 하늘에도 길은 있다
간절히 가고자 하는 사람에게는 길이 보인다
서울의 지하철 노선도를 본다
핏줄 얽히듯 그 많은 역들이 얼기설기
이름표를 달고 입구와 출구를 내고 있다
내 생의 간이역이 된 시
길 없는 길 그 안에 수없이 많은 길

범람한 강물처럼 속이 보이지 않는다
이름표도 없는 길을 찾느라
헤매이며 더듬는다
덫에 걸린 듯 빠져 나올 수도 없다
낙엽처럼 휘날리다 사위어간 시어들에게
그리움의 말을 건다
암각화로 피고 싶다

〉

푸른 대궁 힘차게 뻗어 올린
진흙탕에 핀 연꽃이기를
밑그림 그린다

둔치도에서

유리주전자는 맑은 가을을 가득 담고 있다
연잎이 자랐던 연지에서
연꽃들은 허공으로 사위어 갔다
누렇게 마른 연잎들과 길게 뻗어 올린 연밥
바람에 영글고 있다
절절 끓던 여름날도 보내고 스스로 맑아지며 깊어진 가을
흰구름 두둥실 띄워 백련 봉오리처럼 피어오르다가
뭉근하게 퍼지며 사라져 버린다.
사라지는 것들이 성성했던 것들과의 사이에서
말을 걸고 있다

문방사우를 펼치고 먹을 갈고 있는 그녀
구절초가 흐드러지게 핀 둔덕여백에 시를 써 넣느라
몰입하고 있다
붓끝이 춤을 춘다
지나가던 바람이 들여다본다

〉

부풀어 올랐던 바다가 출렁인다
침묵으로 반짝이는
울혈된 노을 속으로
지친 등을 기대며 어선들이 떠 있다

봄 축제

켜켜이 덧나며 상처 났던 옹이도
벼랑 끝에서 절망하며 외로웠던 시간도
서로가 서로를 본다
손을 맞잡고 눈을 맞추며
흥이 나서 어깨춤을 나풀거린다
목줄에 매달린 애완견도 깡총거린다
매달리고 사는 건 강아지나 사람이나 마찬가지
긴장을 놓아버리고 즐기는 것은
꽃구름만은 아니다
분홍빛 꽃자리를 가슴에 드리우는
꽃샘추위에도
여린 꽃잎 얼지 않게 따뜻한 물관을 나눈다
만나고 헤어지는 순리에 온새미로*
더 깊은 꽃그늘 드리우기
잎새 피고 열매 맺을 자리 내어주며
달뜬 봄 축제
마음도 꽃잎처럼 화안하다

*온새미로 : 가르거나 쪼개지 않고 그대로, 자연그대로. 순수 우리말

수미단

수 없는 바램을 떠받들고 있다 지혜로워지라고 너무 욕심내지 말라고 온 몸으로 노래하고 있다

지금 이곳은 내가 꽃피워 내어야할 연밭 사랑이라는 이름으로 저미고 소금 뿌려 꼬들꼬들한 정신 만드는 곳 부나비 같은 생일지라도 부딪치며 몰입하며 순간순간을 꽃피운다 바람도 지칠 땐 초록이 되어 풀섶에 눕는다 슬픔도 지나가 버리면 아름다운 추억 아픔을 감싸 안으며 내가 너의 꽃이 되고 네가 나의 든든한 줄기가 되어 활짝 가슴을 열어 반짝이는 햇살이 되는 것

푸른 연잎 술렁이며
어름사니처럼 아슬아슬한 꽃도
멍하니 먼 산 쳐다보고 있는 꽃도
다 소중한 꽃으로 피워내느라
야단법석이다

석남사에서

바람과 나뭇잎과 때죽나무 하얀 꽃들이
향을 올리는
가지산은 예불중이다

맑은 물에 발 담근 바람이 나와 앉는다
느티나무 휘늘어진 그늘이 내려와 앉는다
까치도 숲에서 내려와 물가에 앉는다
나도 가방 내려놓고 앉는다
두둥실 떠가던 뭉게구름도 소에 풍덩 들어와 앉는다
번잡하던 마음도 물소리에 스며들며 가라앉는다

어머니의 임종 무렵
가장 행복했던 적이 언제였냐고 수발들던 내가 물었다
아버지와 함께 산그늘 물가로
소풍 다녔을 때였다고 말씀 하신다
그때를 회상하시는 오랜만에 빛나던 눈빛
소녀처럼 발그레 행복하셨다

〉

그때의 어머니처럼
물가에 가만히 나도 앉았다
어머니도 아버지도 내 옆으로 오시어
냇물 흐르는 소리로 나즉나즉 말씀 하신다
너도 행복하냐고

때죽나무 하얀 꽃비 사르르 사르르 내린다
행복하다고
행복하다고 말하고 싶지만
쓸쓸하다

벼랑

생각만 해도 어느새 환한 꽃등을 켜던 그대
차마 놓을 수 없었던 손을 놓고는
일상조차 놓아 버렸습니다

사랑하는 것 너무 힘겨워
더욱 깊었던 모든 기억
책갈피처럼 뒤적거리며
벼랑에도 서고 풀숲에도 갇힙니다
내 생애 처음 만난 사랑이었습니다만
그 무게 견디지 못해
여러 번 헤어지려 했었습니다

그대와 내가 함께 했던 그 많은 길들
이젠 정말 끊겨
기억만이 걸어가는데
잠시 머물다 스쳐 가는 길
바람 속에도 물결 속에도
불쑥 불쑥 내게로 오는 그대 환영에
나는 평생 돌아보지도 않았던

굿이라도 해 보고 싶어집니다

바람소리에 안긴 풍경
밤새며 기도하는데
그대가 내게 걸어 놓았던 꽃등
눈감아
올가미 덫에 걸린 그리움만이
그리움을 아파합니다

김녕리 바람소리

햇살이 해맑은 날이면 푸른 하늘도 초록 물이 들던 그곳 바람의 길은 바당*으로부터 열려 있는지 시도 때도 없이 바람은 몰려 왔다 유난히 창이 많은 그 마을의 샷시 유리 창문이 경쟁하듯 마구 흔들렸다 바람을 좋아해 김녕리까지 흘러 온 내가 흔들리는 바람에 흔들렸다

흰 모래사장으로 가는 소롯길은 어제 없던 모래 산을 여기저기 쌓아 놓았다

풀은 모래에 파묻혀 모래가 되었다 나무들은 혹을 달고 바람 부는 방향으로 휘어졌다 물빛 고운 해변으로 이어진 올레 길엔 갈매기 한 마리도 날지 않았다 은빛 바람개비만 실성한 듯 돌고 있었다 횟집엔 강아지조차 얼씬거리지 않았다 수족관의 활어들도 꼼짝 않고 바람소리만 듣고 있었다 용암 바위에 손톱만한 보말*이 닥지닥지 붙어서 파도치는 소리를 듣고 있었다 돌담이 우는 소리에 덜컹거리는 철대문이 쩔쩔매고 수선화는 돌담에 기대어 겁을 먹고 있었다

〉

초록 바당의 해말간 바닷물

흰 모래톱과 검은 용암이 견디어 낸 시간들

적막과 외로움은 사무치고 있었다

가슴 더 깊은 곳에서 그리워했던 바람은

바람에 맞서고 있었다

*바당: 제주 토속어로 바다를 말함
*보말: 제주 토속어로 고동

배멀미

대마도행 오션플라워호는 출렁거리는 파도를 즐기고 있다

다시마를 넣고 푹 우려낸 멸치국물이 내 주방의 베이스가 되었고, 잔멸치는 셀 수없는 숫자로 거침없이 볶아 먹었다 문어도 삶아먹고 은비늘 반짝이는 갈치도 노릇노릇 구워먹고 마른 오징어를 질겅질겅 씹었다

나는 작은 바다다 너른 바다에서 내 작은 바다의 좁은 창자 속으로 물고기들은 유영한다 나는 파도 친다 맥 놓고 TV리모컨만 붙잡고 있을 때 나태할 때 엉뚱한 생각으로 저 세상을 헤매고 있을 때, 철썩 철썩 생선꼬리들은 무척이나 파득이며 꼬리라도 되려면 제대로 꼬리치라고 죽비를 내려친다

굽고 지지고 튀기고 찌고 볶고 삶고… 물고기들은 살신殺身하면서 파도친다 나는 누구에게 살신하면서 파도친 적 없다 말로만 사랑 운운하면서도 가슴엔 저울을 품고 있었다

〉

곧추서는 파도에 몸 기대며 흔들리는 나도 곧추 서려고 안간힘을 쓴다

식탐들이 제대로 값을 못한 업보를 역류하며 창자를 비워낸다

뒷마루에 앉아

애면글면했던 것들도
제 풀에 주저앉아
그냥 쓸쓸해지는 저녁
장난감 같은 자동차
곡예를 하듯
붕 떠서
바다 위를 잘도 건너간다

동동거릴 때는 몰랐었다
가슴 저미는 아픔 삭이느라
출렁거리고 있는 바다에
끝없이 세월 흔드는 바람에
최면을 걸었던
골다공증
버석버석 시린 바람이
버석거리며 들어와 산다

유유자적 무심한 척 하지만
그 속에 어떤 아픔이 서려 있는지

그건 모른다

노을이 번지며 물꼬를 터주는
광안대교의 눈시울이 붉다

되새김질 하는 암각화

아름다운 대곡천도 늘 정점에서만
젓대를 부는 것은 아니다
주변의 풍광이 합창이 될 때
내면의 성숙이 빛을 발할 때
더욱 맑은 음계로 하늘을 떠 받든다

공룡발자국도 물새발자국도
세월의 굴레조차 다
가리지 않고 감싸 안아주며
갈 때까지 함께 가 보자는 대곡천
생의 정점이 단풍이 될 수도 있고
짙푸른 녹음이 될 수도 있다
묵묵히 자신을 벼려서 쌓은 내공만이
스스로의 정점을 디디는 것이다
계곡의 층층단애에 끼어 사는 이끼도
오랜 세월을 꽃피우고 싶은 돌꽃도
애타게 뿌리내린 아슬아슬한 야생화도
가슴 가슴이 파편이 된 화석조차
꼭 남기고 싶은 언어들만이 살아서

암각화로 남았다

오랜 기다림으로 흐르며
쓸쓸했던 날들을 되새김질하는 바람
낙엽 푹푹 빠지는
십일월의 마지막 정취를 밟는다

문경새재

개나리봇짐을 짊어진 그가 오고 있다
청빈을 이기지 못함을 부끄러워하며
주경야독 하던
그의 어깨가 처져있다
너덜거리는 짚신 아픈 발이 절름거린다

속내 풀지 못하고
봇짐 속에서 묵은
초승달이 되고 하현달이 된 적 있다
갈증으로 지샌 가슴
새벽 석간수 같은
맑고 차디 찬 한 모금의 언어
닿을 수 없었던 하늘 가까이에서 빙빙 돈다

세월은 쉼 없이 달리는 데 세월이야 가든 말든
눈 덮인 새재 길은 시린 발로 서 있다
드높은 조령관을 거쳐
회포가 뒤엉키고
풍류의 멋과 호연지기가 머물던

푸르렀던 녹음도 빨갛던 단풍도
다 져버린
온 산야가 앙상한 섣달 그뭄의 숲
가지 끝에서 마른 단풍잎
꽃처럼 입술 벌리고
흐드러졌던 지난날을 읊조리고 있다

문득 축복 같은 함박눈이 내린다
시시비비로 뒤죽박죽이었던 천지간에
환희지가 된
눈꽃이 어우러진다

어느 行間

반짝이던 떨림
물소리를 따라 길을 낸다
숨길을 맞추던 긴 이야기들
두물머리로 가서 뿔뿔이 헤어졌다

거슬러 치며 펄떡펄떡 뛰며
절정을 담금질하던
소용돌이는
자기만의 우주를 꿈꾸었다

함축의 의미를 몰랐고
뒤집어 보는 것도 새롭게 보는 것도 몰랐다
바다의 뒤척임은 먼 기억 속에 가두었다
스스로 물길을 내지도 못했고
격랑에 휘말리며 빙빙 돌았다

서늘한 바람이 인다
자갈돌 틈새를 맴도는 회한
오래된 일기처럼

꿈꾸었던 별들이

바삭 바삭 가슴에 삭았다

순례의 길

화려하게 치장했던 만산홍엽의 산
가을비가 추적추적 내리고 있다
잿빛으로 드리운 하늘을 이고 서 있는 묵묵한 산
싱그럽던 잎새들도 말라 떨어지며
떨어짐에 대해 묵상 중이다
절정도 순간이었다
찰라 속에서 영원이 숨 고르고 있다

한 잎 한 잎의 생애가 흩날린다
거부하고 싶었던 종말은
바람에 쓸리다가 비에 젖다가 다 놓아 버린다
초록으로 성성했던 꿈
빛나던 숨결
부풀었던 가슴이 물들어 갔다
추억은 먼 발치에 직녀성처럼 서있다
아쉬운 생이 비에 젖는다

순례의 길로 나선 나그네처럼 욕심도 놓았지만
외로움을 감추려던
시간조차 춥다

| 해설 |

생의 내면과 서정적 진실

임 종 성
(시인, 문학박사)

1. 시를 쓴다는 것

시를 쓴다는 것은 길을 나서는 것과 다르지 않다. 산길은 산과 대화하는 길이고, 강둑길이나 바닷길은 강이며 바다와 대화하는 길이다. 산길과 강둑길, 바닷길이 굽은 것은 보폭을 조절하여 천천히 서둘러 산과 얘기를 나누고 강이나 바다와 얘기를 나누며 조심해서 걸으라는 의미가 내재되어 있다. 될 수 있는 대로 자신의 말보다 산과 강, 바다가 들려주는 말을 많이 받아 적으면 좋은 것이 아닌가 한다.

2.시간의 내면화 과정

귀를 쫑긋 세운
조각조각 색색의 천들이 켜켜이 누워 있다
무지개 색 꿈들이 타래에 감기어

긴 실 풀어 낼 그 시간 기다리고 있다
수없이 찔리고 또 찔린 낡은 가죽 골무가
무료하다
형형색색 단추들이 스스로를 뽐내던
그때를 잊지 않고 있다
어머니의 가는 바늘 끝에 우리의 생계가
수실처럼 달려 있던 시절

꽃과 나비를 수 놓으셨다
색색의 나비들
날개에 더듬이에
모란의 노란 꽃술 위에 장미의 붉은 가시 속에
피 맺힌 골무
고왔던 어머니처럼 슬펐던 나비들
병풍 속에서만 날고 있었다
어머니의 숨결처럼
수틀 속에서 비늘 반짝이며 날갯짓하던 나비
반짇고리 뚜껑을 열 때마다
내 가슴에 날아오르고 있다.

「어머니의 반짇고리」 전문

거의 절창에 가까운 시의 행간에 보이는 〈색색의 천들〉은 가느다란 실의 올과 날로 짜 늘여 이루어져 있다. 그래서 화자는 〈무지개 색 꿈들이 타래에 감기어/긴 실 풀어낼 그 시간〉을 기다리며 어머니 생각에 잠긴다.

〈색색의 천들〉은 골무가 수없이 찔리고 숱하게 찔려 닳고 낡아진 뒤에 짜져 있는 것이다. 〈형형색색 단추들이 스스로를 뽐내던/그때를 잊지 않고〉 있는 연유는 〈어머니의 가는 바늘 끝에 우리의 생계〉가 달려 있었기 때문이다.

어머니의 손가락에 끼워져 있는 골무는 꽃과 나비를 수놓고 〈나비들의 날개에 더듬이에/모란의 노란 꽃술 위에/장미의 붉은 가시 속〉에 깃들어 있다. 시 속에 앉아 있는 나비들은 〈병풍 속에서만〉날며 어머니의 숨결처럼 날갯짓 한다.

그러니까 어머니의 손가락 끝에서만 나비는 가볍게 바람을 거슬러 오른다. 날아오른다는 것은 순간마다 꽃 피우는 일이며 시간의 내면화가 이루어지는 일이다.

생의 격류에 휘말린
숨 쉬기조차 힘겨웠던

버팀의 시간도 시간이었다
삭풍 휘몰아치는 음지의 동짓달에도
희망 같은 봄을
작은 씨앗처럼 품고 살았다
민초들이 살아내었던
질긴 인내

걸리며 찢기며
골짝 물에 쓸려 내려오는 풀잎이 있다.

―「여름날」 부분

화자는 생의 격류를 통해 〈삭풍 휘몰아치는 음지의 동짓달에도/희망 같은 봄을/작은 씨앗〉을 품고 살아온 내력을 들려준다.

삼매에 들고 싶어 애쓰던 적이 있었다
난무하는 번뇌 그칠 줄 몰라
면벽을 풀고
휘도는 바람을 따라 나선 적이 있었다
눈앞에서 놓친 시간은 한 점씩 두 점씩 덫을 놓고
언제나 덫 속엔 바람이 일었다
추스르기엔 너무 힘들어 함께 빠져서 허우적거리던
아픔이 있었다.
아린 마음은 햇살이 될 수 없음을 한탄 했었다
함정처럼 뚫린 미로가 입을 벌리고 있었다

나비처럼 날아오르고 싶었던 마음이

멍한 시간으로 머물고 있었다
겨울비가 추적추적 내리고 있었다.

―「그때 그 시절」 전문

봄을 품고 산다는 것은 〈면벽을 풀고/휘도는 바람을 따라〉 나서는 일이다. 그리고 〈눈앞에서 놓친 시간은 한 점씩 두 점씩 덫을 놓고/언제나 덫 속엔 바람〉이 일었을 때 〈추스르기엔 너무 힘들어 함께 빠져 허우적거리던 아픔〉을 겪게 되는 일이다. 화자는 어떠한 경우에도 비상을 꿈꾸고 있다. 〈함정처럼 뚫린 미로가 입을 벌리고〉 있어도 나비처럼 날아오르고 싶은 마음을 지니고 있다. 자기 앞의 생에 밝은 등불을 켜고 싶은 것이다.

마지막 잎새까지 다 떨구고
쓸쓸히 버티었다
살아가는 것 너무 힘겨울 때
흐린 구름이 포근히 감싸 안아 주었다
때론 피지 못한 꽃으로 씨방조차 말라붙어서
사그러지며 떨어져 내렸다
이른 봄 하얀 눈을 뒤집어쓰고 솟아난
황금빛 꽃등을 켜는 복수초도
수줍은 제비꽃 보랏빛도 모두모두
찾는 자에게만 가슴을 열어 주었다
마음 밖에서 구하느라 헛것에 흘리었던
지치고 오염된 몸
삭고 또 삭아 붉어진 가슴
습을 해탈한 또 다른 무엇이 되고 싶었다

마지막 성불을 서원한 지장보살 같은
꽃잎 벙그는 소리
저문 달빛에 시리다.

–「연등을 켜고」 전문

불빛의 양식은 어둠이다. [팔만대장경]에는 "등불은 바람 앞에서 흔들리는 인간의 마음과 같다."고 했다. 화자는 〈이른 봄 하얀 눈을 뒤집어쓰고 솟아나/황금빛 꽃등을 켜는 복수초도/수줍은 제비꽃 보랏빛도 모두모두/찾는 자에게만 가슴〉을 열어 주었던 봄날에는 무엇이든 되고 싶었던 것이다. 봄은 탄생, 생성, 부활을 부추기는 탄력의 샘물이 분출되는 계절이다. 그러나 이러한 봄은 저절로 받아지는 것은 아니다. 연등을 켜 내일을 열어야 하는 것이다.

저녁 예불을 기대하며 불국사에 들었다
차단막을 친 경내는 문을 꽁꽁 걸어 잠그었고
휑휑한 나목들만 어둠살에 걸려있다

한때는 꽃으로 잎으로 만개 했었던
나목들
공과 색이 다르지 않다는 법문을 하고 있다

어둠과 밝음

그 먼 간격 사이에서
어둠이 밝음 안에 있기도 하고
또 밝음이 어둠 안에 있는
우주의 설법을
어떻게 받아 들여야 하는지 몰랐다

저녁 범종소리에
색과 공을 뒤죽박죽으로 섞었던 시간들도
색 속에서 환희하다가 절망하던 미망들도

깨달음을 얻은 듯
고즈넉해진다

어둠이 밀려난 곳에 불 밝히듯
함박눈이 내린다.

–「공도 색도 없다」 전문

밝음의 바탕은 어둠이다. 어둡지 않으면 빛은 생겨나지 않는다. 밝음과 어둠은 반대어가 아니다. 서로를 받아들여 포괄하고 완성의 길로 나선다. 〈어둠과 밝음/그 먼 간격 사이에서/어둠이 밝음 안에 있기도 하고/또 밝음이 어둠 안에 있는/우주의 설법〉을 서로 받아들여야 하는 상호 의존적 실체인 것이다.

공룡발자국도 물새발자국도
세월의 굴레조차 다
가리지 않고 감싸 안아주며
갈 때까지 함께 가 보자는 대곡천
생의 정점이 단풍이 될 수도 있고
짙푸른 녹음이 될 수도 있다
묵묵히 자신을 벼려서 쌓은 내공만이
스스로의 정점을 디디는 것이다.
계곡의 층층단애에 끼어 사는 이끼도
오랜 세월을 꽃 피우고 싶은 돌꽃도
애타게 뿌리내린 아슬아슬한 야생화도
가슴 가슴이 파편이 된 화석조차
꼭 남고 싶은 언어들만이 살아서
암각화로 남았다.

「되새김질하는 암각화」 부분

고대인들이 바위에 새겨 넣은 글이나 그림을 암각화라 한다. 〈묵묵히 자신을 벼려서 쌓은 내공만이/스스로의 정점을 디디는 것〉에서 완성의 길을 보여 주고 있다. 인간의 꿈과 바람이 암각화로 드러날 때까지는 이끼며, 돌꽃, 야생화, 화석이 모두 깃들게 된다.

3. 생에 대한 성찰과 미래 지향

바람과 나뭇잎과 때죽나무 하얀 꽃들이
향을 올리는
가지산은 예불중이다

맑은 물에 발 담근 바람이 나와 앉는다
느티나무 휘늘어진 그늘이 내려와 앉는다.
까치도 숲에서 내려와 물가에 앉는다
나도 가방 내려놓고 앉는다
두둥실 떠가던 뭉게구름도 소에 풍덩 들어와 앉는다
번잡하던 마음도 물소리에 스며들며 가라앉는다

어머니의 임종 무렵
가장 행복했던 적이 언제였었느냐고
수발들던 내가 물었다
아버지와 함께 산그늘 물가로
소풍 다녔을 때였다고 말씀 하신다
그때를 회상하시는 오랜만에 빛나던 눈빛
소녀처럼 발그레 행복하셨다

그때의 어머니처럼
물가에 가만히 나도 앉았다
어머니도 아버지도 내 옆으로 오시어
냇물 흐르는 소리로 나즉나즉 말씀 하신다
너도 행복하냐고

때죽나무 하얀 꽃비 사르르 사르르 내린다
행복하다고

행복하다고 말하고 싶지만
쓸쓸하다.

—「석남사에서」 전문

절에 들어선 화자는 산이 예불 중인 것을 짐작하게 된다. 바람이 나와 앉고, 그늘이 나와 앉고, 까치도 나와 앉는 예불에 참여한다.

산에 있는 모든 사물이 저마다의 모습으로 동참하는 것이다. 화자는 어머니의 임종을 앞두고 세상에서 가장 행복한 적이 언제였냐고 묻고 있다. 그 응답은 〈아버지와 함께 산그늘 물가로/ 소풍 다녔을 때〉 라는 것이다.

사람이 사물이 모두 이 세상에 소풍 나왔다 날이 저물면 생을 거둬 안고 본래 있었던 곳으로 돌아가는 것이 정해진 이치이다.

금빛 물너울 싱싱하게 살아
진초록 가득한 환희지

한 방울 한 방울 이어지며 빚어내는 빛의 호흡
순간의 아름다움은 매 번 출렁임이 다르기에
마음의 문을 열 때만 볼 수 있다

무지개를 걸고 싶어 했던 바램이
초록을 집착했었다
혹한도 푸르게 이겨내며 반짝이는 댓잎들
얼키고 설킨

세속에서도 산문에서도
듣고 싶은 말만 듣고 보고 싶은 것만 보았던
허깨비 같은 나를
산문의 새벽은
반짝이는 햇살처럼 해맑은 법어를
듣게 한다.

허둥대었던
속진을 가라앉힌다.

–「천은사」 부분

화자는 절에서 아름다움에 대한 것을 화두로 제시한다. 〈순간의 아름다움은 매 번 출렁임이 다르기에/마음의 문을 열 때만〉 볼 수 있다고 단정한다. 아름다움에 대해서는 일찍이 John Keats의「한 항아리에 부쳐」에서 말한 바 있다.

Beauty is true, true is beauty.
That is all.
Ye know on earth, and all
Ye need to know.

(아름다움은 진리이고/진리는 아름다운 것이다./그것만이 이 세상에 알고 있는/그리고 알 필요가 있는 모든 것이다.)

대체로 아름다움은 진실과 별로 상관이 없는 것으로 말할 수 있다. 그러나 아니다. 그렇지 않다. 아름다움의 바탕은 진실이기 때문이다. 시나 예술, 생 자체가 모두 아름다움을 지향하고 있다. 시나 예술, 생은 모두 본질적으로 아름다운 것이어야 하고 속성적으로 진실한 것이어야 하는 것이다. 〈무지개를 걸고 싶어 했던 바람이/초록을 집착했었다〉는 것은 어색함이 없다는 생각이다. 〈듣고 싶은 말만 듣고 보고 싶은 것만 보았던/허깨비 같은 나〉는 아름다움이나 진실을 비껴가기 쉬운 것이다.

> 쪽배를 내려서 큰 배로 옮겨 탑니다 바다처럼 넓은 톤레
> 샵 호수는 메콩강이 끌고 온 황토강물과 손을 잡습니다
> 노을이 낮은 구름도 흔들고 아름다운 맹그로브 숲을 꿈
> 꾸며 여행 온 내 생각도 흔들고, 가엾은 어린 거지들을
> 보며 무거워진 내 마음도 흔듭니다
>
> 호수에 일렁이는 황금빛 노을은 그들에게도 나에게도
> 위로가 됩니다.
>
> -「맹그로브 숲에서」 부분

S.모옴은 "인간은 모두 어두운 숲이다."(『작가의 수첩』)라고 말하고 있다. 온갖 것이 가득 차 있는 숲은 자주 생의 비유로 드러난다. 이러한 숲에 들어서면 갖가지 세상사를 잊게 된다. 이 시에서 숲은 정지된 풍경이 아니라 동적 심상을 유발하는 지배소이다.

안간힘을 썼다
늪에 빠진 엄동설한을 버텨
다시 봄이 오기까지
돋아나려고 애썼던 몸부림
오를 수 없는 암벽에 부딪친듯
오리무중 속을 휘휘 휘돌아야만 했다

이름 난 무엇이 되지 못해도
서로를 바라보며 사는 작은 별처럼
기다리고 기다렸던 한 생애가 있다

모진 혹한이라 해도
꽃 피는 순간이 짧다 해도
매화 향 그윽하게 퍼지는
한 줄기의 빛
얼었던 가슴을 녹게 하는
따뜻한 사랑의 말 한 마디
듣고 싶었다

피어나는 연 녹의 새 잎
꽃보다 곱다.

–「봄이 오기까지」 전문

이효석은 "봄은 옷 입고 치장한 여인"과 같다고 말한다. 이러한 봄은 〈모진 혹한이라 해도/꽃피는 순간이 짧다 해도/매화 향 그윽하게 퍼지는/한 줄기 빛〉을 불러 온다. 그래서 화자는 〈얼었던 가슴을 녹게 하는/따뜻한 사랑의 말 한마디〉를 듣고 싶어 한다.

4.서정적 진실과 미래 지향

박시은 시인의 두 번째 시집 [햇빛에 물드는 바람 소리]에는 투명하고 미세한 감각을 되살려 생을 새로운 눈으로 붙잡아 보다 밝고 풍요하게 변화시키는 푸른 힘을 구비하고 있다. 생에 내재한 무상과 유한을 견뎌 이겨내고 전복시키기 위해 미적 가치와, 서정적 진실을 찾아 때 절인 일상이나 누더기 같은 관념을 말끔히 지운다. 그래서 진지한 사유와 정서를 바탕으로 시간의 내면화나 내재적 재현을 통해 생에 대한 진지한 성찰과 환한 미래를 지향하고 있다.

■■■ 후기

부산문화재단의 지원금을 받아 첫 번째 시집과 연이어 두 번째 시집을 내게 되었습니다. 시집이 세상에 나올 수 있게 해주신 부산문화재단에 깊이 감사드립니다.

첫 번째 시집 〈겨울대나무〉를 낼 때는 너무도 설레었습니다. 끙끙거렸던 시간들이 무척 흥분되었습니다. 겨울대나무는 나의 아이디이기도 하고 또 걷기 동호회의 닉이기도 합니다. 굳이 닉으로 시집의 제목을 한 것은 겨울대나무 속의 정신이 시 속에 녹아 있기를 바랐기 때문이고 또 우리산야를 누비며 사색했던 시간들이 겨울대나무 속에 성성히 살아나기를 바랐기 때문입니다.

이번에 두 번째 시집 〈햇빛에 물드는 바람소리〉는 첫 시집과는 뭔가 다르게, 환골탈퇴까지는 아니더라도, 깊어지고 성장해 있는 내면을 보여주고 싶었습니다. 허나 노력도 부족했고, 시 속에 들어가 일심동체가 되지도 못했기에 반성하는 마음밖에 없습니다.

그 나물에 그 밥을 지은 자신이 부끄럽습니다. 내 마음을 무시로 흔들던 바람소리를 승화시키지 못한 제 능력의 한계를 절감합니다.

상념에 젖어 걷는 달맞이 길

꾸물거리던 하늘이 빗방울을 뿌립니다

어느새 굵어진 빗줄기에 옷이 다 젖었습니다.

눈물인지 빗물인지 뒤섞인 얼굴로 빗줄기 속의 풍광에 넋을 놓습니다.

詩語가 되지 못하고 해무처럼 휘감아 스미는 회한이 바람이 됩니다.

2016. 가을

박 시 은